AF326482

DRELINDINDIN,

OU

LE CARILLONNEUR DE LA SAMARITAINE,

PARADE EN UN ACTE,

MÊLÉE DE VAUDEVILLES.

Par les Citoyens HENRION et SERVIERE.

Représentée, pour la première fois, sur le théâtre de la Cité-Variétés, le 23 brumaire an 11; ensuite sur le théâtre Montansier, le 19 pluviose; sur le théâtre des Variétés-Amusantes, le premier prairial; sur le théâtre de Molière, le 13 prairial; sur le théâtre de la rue de Thionville, le 5 messidor; sur le théâtre de la Société-Olympique, le 23 thermidor; et enfin sur le théâtre de la porte S.-Martin, le 11 fructidor de la même année.

SECONDE EDITION.

———

A PARIS,

Chez BARBA, Libraire, Palais du Tribunat, galerie Théâtre Français de la République, n°. 51.

———

AN XII. (1803.)

PERSONNAGES.   A C T E U R S.

PERSONNAGES.	ACTEURS.	
	Montansier.	*Cité.*
DRELINDINDIN, carillonneur de la Samaritaine.	M. *Guibert.*	M. *Châteauneuf*
LA SÉLETTE, décroteur sur le Pont-Neuf.	M. *Brunet.*	M. *Armand.*
Mad. PORTUGAL, marchande d'oranges.	Me *Barroyer.*	Me *Désarnaud.*
NANETTE, sa fille.	Me *Drouville.*	Me *Armand.*

La scène se passe sur le Pont-Neuf.

DRELINDINDIN,

OU

LE CARILLONNEUR DE LA SAMARITAINE.

Le théâtre représente le Pont-Neuf.

SCENE PREMIERE.

Mad. PORTUGAL, NANETTE.

NANETTE.

MAIS, ma mère, qu'eul obstination !... Vouloir comme ça m'faire épouser un homme qui ressemble à un individu comme deux gouttes de lait.

Mad. PORTUGAL.

C'est ton bonheur que j'veux ; la Sélette est un garçon avenant et qui fait fort bien ses affaires sur l'Pont-Neuf, où il décrotte à la cire luisante aussi bien qu'à l'huile de poisson.

NANETTE.

Et vous osez m'soutenir qu'c'est un état ben relevé... un homme qui essuie des revers tous les jours.

Mad. PORTUGAL.

Il n'y a pas d'sots métiers, il n'y a que de sottes gens, mam'zelle, et c't'état-là gagne tous les jours en considération.

Air : *Je vous comprendrais toujours bien.*

> Le décroteur du coin de l'œil,
> Autrefois guettait la pratique,
> Mais maintenant bouffi d'orgueil,
> Il ne travaille qu'en boutique ;
> Ceux du palais-Egalité,
> Dont chaque jour grossit les listes,
> Réunis en société,
> Ont pris la qualité d'artistes.

N A N E T T E.

Malgré tous ces avantages , ma mère.

Air : *Vaudeville de l'Asthenie.*

La Sélette ne me plaît pas,
Je le vois maussade à l'extrême ,
Sans me parler de mes appas ,
Il me dit sans cesse qu'il m'aime ;
D'un docteur se donnant les airs ,
Il rougit d'porter sa marotte ,
Puis il parle à tort , à travers ,
Et toujours à-propos de botte.

Mad. P O R T U G A L.

C'est qu'il a approfondi son état ; il connaît l'cuir de cheval , la peau de mouton , l'veau tanné.

N A N E T T E.

Pardine ! c'est la couleur d'sa figure !

Mad. P O R T U G A L.

Qu'est-ce que celle de M. Drelindindin , l'carillonneur de la Samaritaine , peut avoir d'plus avenant ?

N A N E T T E.

J'n'en sais rien ; mais il me plaît.

Mad. P O R T U G A L.

Ah ! il t'plaît ! eh bien ! il me déplaît , à moi , et il ne sera jamais mon gendre.

N A N E T T E.

Ben vrai , ma mère ?

Mad. P O R T U G A L.

Foi d'Portugal , qu'est mon nom.

N A N E T T E.

Mais pourquoi cela ?

Mad. P O R T U G A L.

Parce que c'est un mauvais sujet qui n'a jamais le sol.

N A N E T T E.

Mais il a du talent ; vous savez qu'c'est son mérite qui la fait parvenir : il a commencé à jouer de l'orgue organisé dans les rues ; ensuite il est d'venu à un concours d'auvergnats l'premier carillonneur de la Samaritaine ; et qui sait si un jour nous ne le verrons pas organiste des Ombres Chinoises.

Mad. PORTUGAL.

Ça s'rait frais d'l'entendre accompagner la chasse aux canards avec le carillon d'Dunkerque.

NANETTE.

Je sais que vous n'êtes pas sensible à sa musique.

Mad. PORTUGAL.

D'ailleurs, comme c'est ton bonheur que j'veux, tu n'l'épouseras pas.

NANETTE, *en pleurant.*

Eh bien ! n'veuillez pas mon bonheur et laissez-moi être heureuse.

Mad. PORTUGAL.

Un homme qui f'ra du bruit dans ton ménage.

NANETTE, *vivement.*

Je l'veux comme ça.

Mad. PORTUGAL.

Air : *Fidèle époux, franc militaire.*

Je te l'ai dit, j'te le répète,
J'congédierai l'carillonneur ;
J'entends qu't'épouse la Sélette,
Lui seul peut faire ton bonheur ;
Song' qu'il a du cœur à l'ouvrage,
Et que son pinceau, sous ses doigts,
Rapporte en un jour davantage
Que celui d'un peintre en un mois.

Fais tes réflexions sur la volonté d'mon vouloir. En attendant ta réponse, j'vais chercher une caisse d'orange au roulage. *(Elle sort.)*

SCENE II.

NANETTE, *seule.*

Elle est bonne la, ma mère ! avec son protégé dela Sélette. J'n'en veux pas ; ses mains sont aussi rudes que ses brosses. Mais voici Drelindindin ; ciel ! soutiens men courage.

SCENE III.

NANETTE, DRELINDINDIN.

DRELINDINDIN.

Je viens, adorable amante, me prosterner dans tes bras...
Le bruit court qu'un rival audacieux veut me susplanter.

NANETTE.

Pourquoi ces craintes? ne connais-tu pas mon cœur? ne
t'ai-je pas juré cent fois de t'aimer toujours?

DRELINDINDIN.

Ce sont des craintes qui proviennent de la frayeur que j'ai
de t'en voir épouser un autre.

NANETTE.

Tu as raison : ma mère veut m'donner c'saligot d'la Sélette.

DRELINDINDIN.

Oh ! j'saurai ben empêcher c'mariage.

Air : *Une fille est un oiseau.*

Cet homme n'est point ton fait,
A ses instances résiste,
Il est fat, avare et triste,
Aussi mal fait qu'il est luid.
Il se croit un homme habile,
Et n'est rien qu'un imbécile,
Sans bien, sans mœurs, sans asyle,
Il causerait ton malheur ;
Bien qu'il fasse le beau sire,
J'ai des preuves que sa cire
Est moins noire que son cœur.

NANETTE.

Ah ! que tu l'as bien dévisagé.

DRELINDINDIN.

Oui, Nanette, nous vaincrons une destinée qui nous me-
nace, et mon bras saura punir l'téméraire qui ose recher-
cher ta main. Mais avant que j'fasse fuir un rival insuppor-
table, dis-moi là, sans paquet, quel est l'effet qu'ma présence a produit sur ton cœur.

NANETTE.

Air : *Ah! que je suis bien inspirée,*
Pour les deux premiers vers, et *Avec les jeux dans le*
village, pour les six suivans.

Ah ! que je fus bien inspirée
Quand je te reçus dans ma cour,
Ce jour-là je m'étais parée
Et ne voulais que ton amour :
Ma mère qui causait ma peine,
Te chassa pour garder mon cœur,
Mais moi dans la Samaritaine
J'allais retrouver mon vainqueur.

DRELINDINDIN.

Air : *Vaudeville de Décence.*

De tes yeux pour fêter le charme,
J'sonnais mon carillon entier;
Mais c'n'était rien près du vacarme
Que f'sait tes appas dans l'quartier.

ENSEMBLE.

Ta
Ma mère qui causait ma peine

Sans cesse veillait sur ton cœur,
                       mon

Mais pour nous la Samaritaine
Etait le temple du bonheur.

NANETTE.

Que ces doux momens que tu me rappelles sont chers à
mon cœur

DRELINDINDIN.

Et puis quand l'concert était fini nous jouyons à des p'tits
jeux innocens.

Air : *Des simples jeux de son enfance.*

Ils sont passé ces jours de fête,
Ta mère a mis fin à nos jeux,
Ces jours charmans que je regrète
Sont changés en jours ténébreux ;
Aux petits jeux on nous arrache,
C'est cruel, il faut l'avouer,
Maintenant le jeu de cache-cache
Est-l'seul que nous puissions jouer.

NANETTE.

Encore sommes-nous obligés de nous cacher pour jouer
à cache-cache.

DRELINDINDIN.

C'est vrai, aussi du depuis qu'c'est fini, je n'existe plus
et je m'consume en regrets infaillibles.

(Nanette va regarder dans la coulisse.)

Eh ben ! qu'est que t'as !

NANETTE.

C'est qu'j'ai cru entendre ma mère, et dans la crainte
qu'all' n'revienne plutôt que je ne voudrais, il est prudent
d'nous séparer.

DRELINDINDIN.

J'devions parler d'not' mariage.

NANETTE.

Ben dit. Mais qne ferons nous ? tu n'en sais rien, ni moi
non plus ; en attendant, ma mère peut nous surprendre ensemble, et comme elle pourrait r'venir, j'te quitte.

(Elle sort.)

SCENE IV.

DRELINDINDIN, *seul.*

All' s'en va, sans tant seulement m'donner l'moindre
conseil... Ah ! maudit peintre en cuir, c'est donc lui qui
veut que mon mariage fasse brosse... il croit m'faire friser
l'Poitou, parce que la mère Portugal est dans sa manche...
c'est au bout du fossé qu'il aura les pattes en l'air.

RONDEAU.

Air : *C'est envain qu'on blâme.*

Oui, j'aime Nanette,
Et ma flamm' discrette
A touché son cœur,
Je pourrai, j'espère,
D'une cruelle mère
Calmer la rigueur ;
Un amant sincere
Ne se désespère

Pas au premier choc ;
Rien ne le rebute,
Il soutient la lutte
Ferme comme un roc.

Oui , j'irai lui dire ,
Vous f ît's mon martyre ,
Madam' Portugal ,
L'amour est mon maître ,
Et j'voudrais connaître
Le nœud conjugal.

Oui , j'aime Nanette , etc.

Je te jouerai des tours , maudit gâte-botte , j'irai comme pour me faire décrotter , j'appuirai du talon sur tes doigts… là… heim ! de toutes mes forces… Mais le voici , préparons nous à le recevoir comme il le mérite.

SCENE V.

DRELINDINDIN, LA SÉLETTE.

LA SÉLETTE.

C'est donc toi , vilain moule à faire des chenets, qui pense à m'couper l'herbe sous l'menton.

DRELINDINDIN.

Que m'veux c'rossignol d'Arcadie ?

LA SÉLETTE

Te tapper sur la tête pour ne pas te casser les jambes.

DRELINDINDIN.

Vieux mannequin desséché qui servait à faire l'portrait du diable, tu ne sais donc pas à qui tu parles ?

LA SÉLETTE.

A un chinois échappé de quelque paravent.

DRELINDINDIN.

Messager de Satan.

LA SÉLETTE.

Courier de Lucifer , qui a les jambes en double-croche.

DRELINDINDIN.

Mais , dieu m'damne , s'il n'a pas les abatis taillés comme des haricots verts.

Drelindindin.   B

LA SÉLETTE.

Brisons là-dessus ; il est inutile de tant s'apostropher... il faut aborder la question... Tu veux épouser mam'zelle Nanette ?

DRELINDINDIN.

Et ben ! quand ça s'rait, benet ?

LA SÉLETTE.

C'est que je m'y oppose.

DRELINDINDIN.

Et elle aussi, n'est-ce pas ?

LA SÉLETTE.

J'ai des écus et tu n'as rien.

DRELINDINDIN.

Faquin ! j'ai du talent, de la politesse, du savoir-vivre, del'in ducation.

LA SÉLETTE.

Eh bien ! va voir si l'boulanger te donnera à crédit sur c'te monnoie-là ?

DRELINDINDIN.

Et bien ! va voir si Nanette te caressera, t'embrassera avec tes écus, mauvais barbouilleur, qui met la cire sur la crotte.

LA SÉLETTE.

Tais-toi, musicien de routine, qui ne joue qu'à la volonté du serrurier qui fait les ressors.

SCENE VI.

LES PRÉCÉDENS, Mad. PORTUGAL.

Mad. PORTUGAL.

Air : *Il est des amusemens, etc.*

D'où vient le bruit que j'entends,
Messieurs, pourquoi ce tapage,
Je n'aime pas les amans
Dont les cris sont le langage.
(A la Sélette.)
Mon cher ami soit le plus sage.

Je couronnerai ton amour,
Je le vois bien ton rival,
Ton rival tout bas enrage ;
Je le chasse sans retour,
Et nous rirons de la rage,
Qui le dévore en ce jour.   *bis.*

ENSEMBLE.

LA SÉLETTE.   DRELINDINDIN.

Oui, je le vois, *(ter)* mon rival tout Mon sot rival *(ter)* maintenant à l'a-
   bas enrage,   vantage,
  Vous le chassez sans retour,   Mais bientôt j'aurai mon tour,
  Et nous rions de la rage *(bis.)* Et ce n'est pas d'moi, je gage,
  Qui le dévore en ce jour. *(bis.)* Dont on rira dans ce jour.

LA SÉLETTE.

Il prétends que c'est pour lui que Nanette réserve son cœur et sa main.

Mad. PORTUGAL.

Il est un peu drôle, celui-là... Ma fille a trop peur de mon bras pour avoir promis sa main.

LA SÉLETTE.

Laissez-donc ; est-ce que les filles craignent quelque chose aujourd'hui ?

Mad. PORTUGAL.

Si j'savions qu'la nôtre soit de c'calibre-là, j'l'enferme- rions dans l'échoppe chaque fois que j'sors.

Air : *Dans l'asyle de l'innocence.*

Dans l'asyle de l'innocence
J'enfermerais ses appas et son cœur,
Et les verroux qu'y mettrait ma prudence,
Me répondrait de son honneur.

LA SÉLETTE.

L'amour qui partout se faufile,
Y pourrait ben pénétrer de concert ;
Mais grace au toît qui couvre cet asyle,
Son honneur serait à couvert.

Mad. PORTUGAR.

Tu es un jeune homme de bon sens, toi.

LA SÉLETTE.

J'vous ai toujours dit qu'vous étiez la femme la plus aima- ble des halles.

DRELINDINDIN.

Je n'm'étonne plus d'son crédit.

Mad. PORTUGAL.

Et toi, mauvais carillonneur, qui m'déchire les oreilles...

DRELINDINDIN.

C'est un service que j'vous rends ; il vous en restera toujours assez.

Mad. PORTUGAL.

Tu crois ça, mal peigné ; tu n'as plus qu'à prendre ton sac et tes quilles et t'en aller d'l'autre côté du quai voir si j'ny suis pas.

DRELINDINDIN.

Queu rubrique ! comme c'est malin ! pisqu'vous avez tant d'esprit, que n'vous mettez-vous à faire des énigmes, ça vous rapporterait plus que d'vendre vos oranges, madame Portugal?... Mais j'vois bien que j'suis d'trop ici... je m'retire. (*fausse sortie, à la Sélette en lui serrant la main.*) Et toi, je te repêcherai, et si tu veux retrouver quelques-uns d'tes membres, j'te conseilles d'les faire numéroter, parce que j'te démolis : tu m'entends... Adieu, moule à botte.

LA SÉLETTE.

Adieu, dindi dindon.　　　　　(*Drelindindin sort.*)

SCENE VII.

LA SÉLETTE, Mad. PORTUGAL.

Mad. PORLUGAL.

Maintenant que nous voilà débarrassé de ton rival, parlons un peu de nos petits arrangemens. Tu dis que tu as deux cents francs comptans.

LA SÉLETTE, *lentement.*

En six louis, trois écus de six francs, quatre pièces de cent sols, quatre écus de trois livres, six pièces de trente sols, deux pièces de vingt-quatre sols, deux pièces de quinze sols, sept pièces de douze, huit pièces de six, et l'reste en monnoie de cuivre, billon, monnerons et centimes.

Mad. PORTUGAL.

Nous mettrons ces deux cents francs en oranges et en citrons.

LA SÉLETTE.

Nenni ! nenni ! je ne place pas comme ça mon avoir sur des citrons.

Air : *De la pipe de tabac.*

Je ne veux pas qu'mon argent serve
A vous acheter des citrons ,
J'aime mieux le mettre en réserve ,
J'craindrais trop de perdre mes fonds.

Mad. PORTUGAL.

Banis une crainte importune
Sur tout évènement futur ,
Tu n'saurais placer ta fortune
Sur quelque chose de plus sûr.

LA SÉLETTE.

Non pas. J'ai en vue une entreprise qui vaudra mieux qu'ça. J'établirai à Bagatelle une boutique de décroteur pour les petits maîtres qui y viendront à pied et qui voudront faire croire que leur cabriolet les attend à l'entrée du bois.

Mad. PORTUGAL.

Ben vu , t'as du tact, tu feras ton chemin ; tu n'es ni beau, ni bien fait , mais , c'est égal, l'cœur est sans tache.

LA SÉLETTE.

Comme si toutes les terres de pipes du monde y avaient passés.

Mad. PORTUGAL.

Et j'crois ben qu'si tu n'plais pas à Nanette , c'est qu'tu t'y es mal pris.

LA SÉLETTE.

Laissez donc , mal pris.

Air : *Si vous pouviez lui jouer quelque pièce.* (de Santeuil et Dominique.)

Je la connus au mois de vendémiaire ,
« Je t'aimerai , dit-elle , en germinal. »
Je soupirai dans les froids de brumaire ,
Et lui portais des fleurs en floréal ;
J'lui rappellai sa promesse en frimaire ,
Ell' me remit alors en prairial.
Drelindindin qui parut en nivôse ,
Lui fit la cour jusques en messidor ;

Je la pressai, pendant tou pluviose ;
D'combler mes vœux, au moins en thermidor,
Mais mon rival qui lui plût en ventôse,
Me fit chasser dans l'mois de fructidor.

SCENE VIII.

Mad. PORTUGAL, LA SÉLETTE, NANETTE.

NANETTE, *avec un éventaire chargé d'oranges.*

Air : *Vaudeville de Comment faire.*

Venez à moi, j'ai le bon goût ;
Venez, venez que j'vous arrange,
Près d'une belle on obtient tout,
Ça n'coûte souvent qu'une orange.
Je ne vends jamais que du bon,
Sur le Pont-Neuf on me renomme,
Pour vendre l'orange et l'citron,
Les connaisseurs m'donne la pomme.

Encore ici, monsieur... Qui venez-vous faire ?

LA SÉLETTE.

V'là une demande en façon de reproches à laquelle je ne m'attendais guère.

NANETTE.

C'est un évènement du sort.

Mad. PORTUGAL.

Allons, mam'zelle, parlez un peu plus poliment à votre futur.

NANETTE.

Je ne prendrai jamais pour mari un homme qui a l'privilège comme les colimaçons d'porter sa boutique sur son dos... ces gens-là déménagent trop facilement.

Mad. PORTUGAL.

Mais c'est un avantage ; il ne craint pas les saisies réelles.

LA SÉLETTE.

C't'impertinente ! comme si ma sélette était d'un autre bois qu'son inventaire.

NANETTE.

Un homme qui attend la pratique !

LA SÉLETTE.

Une fille qui court après.

NANETTE.

C'est une honnêteté d'plus que j'fais aux chalans, d'aller comme ça au-devant d'eux.

LA SÉLETTE, *à madame Portugal.*

Dites-moi donc, maman, sur qu'eu touffes d'orties vot' fille a marché, pour me traiter de la sorte.

NANETTE.

Air : *Rendez-moi mon écuelle.*

Sortez, car j'ai de la peine à vous voir,
Et que l'diable vous escorte.

LA SÉLETTE
Mais a-t-on jamais vu recevoir.
Un amant de la sorte.

Mad. PORTUGAL.
Tach' de le traiter plus honnêtement,
Ou sur l'nez j'te fais une entaille.

NANETTE.
Eh ben ! j'vais lui parler poliment
Pour lui dir' qu'il s'en aille.

LA SÉLETTE

Ah ! vous l'prenez sur c'ton... Eh ben ! j'vais vous obéir ; mais nous verrons ensuite qui des deux s'en mordra les doigts.

Air : *de la Monaco.*

Je pars, mam'zelle,
Je pars aussitôt,
Vous r'greterez un amant si fidèle,
Beauté cruelle,
Je l'dit tout haut,
Qui vous aim'ra ne s'ra qu'un sot.

NANETTE.
Allez, allez, loin d'ma demeure,
C'est de l'ennui qu'vous m'inspirez,
Et, comme on dit, si jamais j'pleure,
Ce sera quand vous reviendrez.

LA SÉLETTE.
Je part, mam'zelle, etc.

(Nanette quitte son éventaire pendant cette reprise.)

SCENE IX.

NANETTE, Mad. PORTUGAL.

Mad. PORTUGAL.

Ah ça ! mam'zelle ma fille, il faut s'tapendant en finir. Je ne prétends pas rester l'bec dans l'eau sur l'choix d'un époux.

NANETTE.

T'nez, ma mère, j'ai un moyen de nous mettre d'accords, vous voulez m'donner pour mari un homme qui m'aime, n'est-ce pas ?

Mad. PORTUGAL.

Et qui te rende heureuse.

NANETTE.

Eh bien ! si vous y consentez, j'emploirai un stratagême qui nous fera connaître celui qui m'aime véritablement, et ce ne sera qu'à celui-là que vous accorderez ma main.

Mad. PORTUGAL.

Mais la Sélette t'adore.

NANETTE.

S'il n'en était rien.

Mad. PORTUGAL.

Impossible.

NANETTE.

Eh bien ! moi j'crois l'contraire, et j'suis persuadée encore que Drelindindin m'aime davantage.

Mad. PORTUGAL.

Parce que tu juges de son cœur par le tien.

NANETTE.

Laissez-vous convaincre.

Mad. PORTUGAL.

Comment ?

NANETTE.

C'est c'que vous saurez ; mais avant tout, j'venx qu'vous m'fassiez la promesse de ne plus revenir sur ce dont vous s'rez convenue.

Mad. PORTUGAL.

Air : *Souvent la nuit quand je sommeille.*

D'être franche, obligeante et bonne,
Je me suis toujours fait la loi,
Jamais je n'ai trahi personne,
Tu peux donc conter sur ma foi ;
Souvent dans un débat frivole,
Pour vendr' j'ai deux prix pour l'ach'teur ;
Mais s'il s'agit de ton bonheur,
Ta mer' n aura qu'un' parole.

NANETTE.

Comme pour avoir l'bonheur en ménage, il faut bien s'aimer tous deux ; il est imprudent de s'engager sans s'être assuré si on était payé de retour.

Mad. PORTUGAL.

Alors on t'appellera madame la Sélette.

NANETTE.

C'est un nom qui ne se conjuguera jamais avec celui de Nanette.

Mad. PORTUGAL.

Mais si c'est lui qui triomphe de tes épreuves, me promets-tu de ne plus songer ensuite à Drelindjndin ?

NANETTE.

J'en jure par tout ce que la Samaritaine a de plus sacré.

Mad. PORTUGAL.

Allons, je consens à ce que tu les éprouvent.

NANETTE.

Si vous êtes prêtes, ma mère, j'vais commencer mon rôle. *(fausse sortie.)*

Mad. PORTUGAL.

Mais qu'est-ce que tu veux faire ?

NANETTE.

Vous le verrez.

Mad. PORTUGAL.

Va, ma fille, le rideau est levé.

NANETTE.

N'rendez l'argent à personne, et tournez-moi l'dos un instant.

Mad. PORTUGAL.

Eh ben ! pourquoi ça ?

Drelindindin.

NANETTE, *sort en jetant son bonnet par-dessus le parapet du pont.*

Le désespoir m'entraîne... C'est fini.

SCENE X.

Mad. PORTUGAL, *seule.*

Comment, c'est fini ! (*elle regarde par-dessus le parapet.*) Que vois-je? .. Dieux! son bonnet! Ah! la cruelle, elle s'est jetée à l'eau. . . C'est le désespoir. . . Ah! mon dieu, qu'en malheur ! Au secours... au secours... à moi... ma fille... Grands dieux !... elle se noye... Au secours.

SCENE XI.

Mad. PORTUGAL, DRELINDINDIN, LA SÉLETTE.

DRELINDINDIN.

Qu'y a-t-il ?

Mad. PORTUGAL.

Ma fille...

DRELINDINDIN.

Eh bien ?

Mad. PORTUGAL.

Se noye...

DRELINDINDIN.

O ciel ! (*il monte sur le parapet, regarde dans la rivière et dit :*) Je vois son bonnet. (*et s'y précipite.*)

LA SÉLETTE.

Dites donc, mère Portugal, comment qu'elle a fait pour se laisser tomber à l'eau ?

Mad. PORTUGAL.

O mère infortunée !

LA SÉLETTE.

Une autre fois il faudra y faire plus d'attention et mieux veiller sur elle.

Mad. PORTUGAL.

L'courant l'entraîne.

LA SÉLETTE.

Rassurez-vous... j'vais chercher des secours ; mon cousin

Nicolas, l'batelier du port, et qui, en qualité d'parent,
dans ma famille très-proche, n'exigera peut-être pas de récompense... (*il sort.*)

SCENE XII.

Mad. PORTUGAL, *seule.*

Que veux dire ceci ?... Drelindindin se jette à l'eau pour
sauver Nanette, et la Sélette, sur qui je comptais tant, paraît
recevoir cette malheureuse nouvelle avec assez d'indifférence..
Il va chercher des secours, dit-il, des secours... des secours...
comme si ceux des étrangers vallaient mieux qu'les siens...
Oh ! ce n'est pas ainsi qu'on aime.

Air : *Quel désespoir.*

Quel désespoir
D'perdre une fille à son enfance,
Quel désespoir ,
De ne pouvoir
Plus la revoir.

Se j'ter en ma présence ,
Dans l'eau pour son amant,
Est-il un' fille en France
Capabl' d'en faire autant.

Quel désespoir , etc.

SCENE XIII.

Mad. PORTUGAL, DRELINDINDIN.

(*Drelindindin était sorti en veste et pantalon blancs et gilet
rouge ; il rentre en veste et palanton gris et gilet cramoisi*)

DRELINDINDIN.

O sort cruel !... Injuste ciel !... ciel injuste !... Maudite
rivière , qui est devenu l'tombeau d'mon amante... tu vas
m'ensevelir à mon tour.

Mad. PORTUGAL.

Qui pourra , grands dieux ! calmer ma douleur amère ! je
ne la raverrai plus ste chère enfant.

DRELINDINDIN.

Dès qu'j'ai eu appris son accident, vous avez vu comme je
m'suis lancé dans le ratafiat des grenouilles, je n'y ai pas

plutôt été que je mis à ramer des quatre membres dans l'espoir de la ratrapper ; mais, hélas !...

Air : Ma barque légère

J'allais perdre haleine,
L'courant m'entraînait,
Je vois sur la Seine
Flotter son bonnet !
Là, dis je, est ma belle,
Courons l'y chercher ;
Je r'double de zèle
Pour l'en arracher ;
Près d'l'endroit j'avance,
Je fais un plongeon,
Et plein d'espérance,
Je vais jusqu'au fond ;
Mais ma peine est veine,
Les flots sont plus forts,
Et l'courant l'entraîne
Malgré mes efforts.

Mad. PORTUGAL.

C'est bien son bonnet !... Un bonnet à la folle ! garni de
dentelle, dont son parain lui avait fait présent pour l'jour
d'sa fête.

DRELINDINDIN.

Un bonnet à la folle !... comme il y allait bien ! qu'eu jo-
lie p'tite boule elle avoit la-dessous.

Mad. PORTUGAL.

Il y avait trois accros à la barbe gauche, du jour où elle
s'était battue pour toi au bal du Caire.

DRELINDINDIN, regardant.

Ils y sont encore !... O sincère amante ! ne crois pas que
je te survive... j'veux suivre tes pas dans le séjour où vivent
les morts... déjà le chagrin me mine, et l'amour qui fait vivre les autres, va me consumer.

Mad. PORTUGAL.

Si tu meurs, je ne tarderai pas à te survivre.

DRELINDINDIN.

Plus d'Paphos avec elle... plus d'Ombres Chinoises ni d'pro
ménades à la Chaumière... Regrets superflus... elle est morte.
N. i. ni... fini...

Mad. PORTUGAL.

Tu retournes l'couteau dans les entrailles paternelles d'une mère... n'en parle donc plus, que ce soit une affaire faite.

DRELINDINDIN.

Pour n'en plus rien dire, il faut l'imiter. (*emmenant madame Portugal vers le parapet.*) Allons, mère Portugal, faisons nos adieux à la Samaritaine.

SCENE XIV.

Mad. PORTUGAL, DRELINDINDIN, LA SÉLETTE.

(*La Sélette entre sans rien dire, lève les bras au ciel, et les laisse tomber.*)

DRELINDINDIN.

Eh bien ! qu'as-tu vu ?

Mad. PORTUGAL.

Qu'eu nouvelles ?

LA SÉLETTE.

Je suivais tranquillement l'cours de la Seine sur laquelle je voyais flotter un bonnet que je reconnus bien pour être celui de Nanette ; mais le bonnet a disparu tout-à-coup devant un nageur qui paraissait intrépide. Voyant que l'danger était pressant, je m'mis à réfléchir sur ce qu'il fallait faire, et comme j'aime beaucoup Nanette, sans regarder à la dépense que cela m'occasionnerait, j'envoyai à son secours tous les batteliers que j'trouvai sur l'port ; lorsque un vieil invalide, qui paraissait avoir de l'expérience, m'a demandé ce que c'était. — C'est, lui réponds-je, ma maîtresse qui, par amour pour moi, vient de se jeter dans la rivière, d'où je voudrais la retirer ; mais hélas ! je ne la vois pas. Que vous êtes bête, me dit l'invalide, vous voulez la rencontrer et vous suivez l'fil de l'eau ; mon ami, pensez donc qu'une femme est si contrariante qu'elle ne veut pas mourir comme tout l'monde, et qu'au lieu d'aller aux filets d'Saint-Cloud, elle aura remonté vers Chalenton. — Ces paroles furent pour moi un trait de lumière, j'vis bien qui la connaisait, et j'viens vous dire que j'pars pour la chercher à la Rapée.

SCENE XV ET DERNIÈRE.

DRELINDINDIN, Mad. PORTUGAL, LA SELETTE, NANETTE.

NANETTE.

C'n'est pas la peine.

LA SÉLETTE.

Que vois-je ?

Mad. PORTUGAL.

C'est ma fille.

DRELINDINDIN.

Grands dieux !... ust scieux !... vous épargnez un crime.

Mad. PORTUGAL.

Tu ne t'es donc pas jetée à l'eau ?

NANETTE.

Pas si bête : je n'y avais jetée que mon bonnet.

Mad. PORTUGAL.

La frime a réussi !

LA SÉLETTE.

L'invalide n'a pas deviné celle-là.

DRELINDINDIN.

Je suis rendu à l'existence ! quel beau jour pour moi, tu vis encore ; j'vais mettre tout mon carillon en train, comme au jour des fêtes solennelles.

Mad. PORTUGAL.

Tâche qu'il soit plus d'accord qu'la dernière fois.

DRELINDINDIN.

C'n'est pas ma faute, mon *si* était cassé.

NANETTE.

Eh bien ! ma mère, lequel croyez-vous qui m'aime le plus, de Drelindindin ou de la Sélette ?

Mad. PORTUGAL.

La Sélette me le répétait sans cesse.

NANETTE.

Vous voyez qu'entre le dire et le prouver, il y a bien de la différence.

VAUDEVILLE.

DRELINDINDIN.

Air : *Vaudeville du Parachûte.*

Lorsqu'a la rage, j'ai voulu
Te sauver, ma chère Nanette,
Malgré mes efforts je n'ai pu,
Ravoir dans l'eau que ta bonnette ;
De mon amour sachant le prix,
  Pendant ta vie entière,
Tu m'aimeras tant qu'à Paris
  Coulera la rivière.

Mad. PORTUGAL.

Sti-là qui pinça Maringo,
Dans ses plans toujours juste et ferme,
D'la guerre éteignit le flambleau,
Des factious détruisit le germe,
Par lui nos maux furent guéris,
  Des Français il est l'père,
Puis'-t-il vivre tant qu'à Paris
  Coulera la rivière.

LA SÉLETTE.

Je vois mille gens sans aveu,
Venir en foule à ma boutique,
A les approprier un peu
C'est vainement que je m'applique ;
 Je fais des efforts infinis,
  Mais, hélas ! la poussière
Sur eux tiendra, tant qu'à Paris
  Coulera la rivière.

NANETTE, *au public.*

Pour nos auteurs, soyez ce soir
Remplis d'une douce indulgence,
Vous amuser est leur espoir
Et vos plaisirs leur récompense,
Sur-tout n'allez pas les siffler,
  J'connais leur caractère,
Tous deux s'raient capables d'aller
  Se j'ter à la rivière.

F I N.